Quitter les réseaux sociaux

Guide pratique pour se libérer de l'addiction
aux réseaux sociaux

I0423067

Karine Delmont

SOMMAIRE

3

Clause de non-responsabilité

« Les insectes ne s'attaquent qu'aux lumières qui brillent »

Le présent texte est une Clause de non-responsabilité s'appliquant à l'intégralité de ce livre. Le lecteur est informé que l'ensemble du contenu de ce livre est fourni à titre non contractuel et strictement destiné à des fins purement informatives.

L'auteur de ce livre ne fournit aucune déclaration, aucun engagement ni aucune garantie d'aucune nature, implicite ou explicite, quant à l'exactitude, la véracité, la fiabilité, l'applicabilité, l'adéquation ou l'exhaustivité des informations présentes dans ce livre. Le contenu de ce livre est susceptible d'avoir été produit et ou traduit à l'aide de mécanismes automatisés. En aucun cas, l'auteur de ce livre ne saurait être tenu responsable de la présence d'imperfections, d'erreurs, d'omissions, ou de l'inexactitude du contenu proposé dans ce livre.

Aucune utilisation des informations présentes dans ce livre, de quelque manière que ce soit, ne saurait ouvrir droit à un quelconque dédommagement ou compensation quel qu'en soit sa nature.

L'auteur de ce livre ne saurait en aucun cas être tenu responsable, d'aucune manière, de tout dommage ou préjudice, de quelque nature que ce soit, direct ou indirect, lié ou non à la négligence, pouvant entre autres, découler de l'utilisation de quelque manière que ce soit des informations contenues dans ce livre, et ce, que l'auteur soit ou non avisé de la possibilité de tels dommages.

Le lecteur demeure, en toutes circonstances, le seul et l'unique responsable de l'utilisation et de l'interprétation des informations figurant dans le présent livre et des conséquences qui pourraient en découler.

Toute utilisation du contenu de ce livre de quelque manière que ce soit s'effectue aux risques et périls du lecteur uniquement et n'engage, en aucun cas, aucune responsabilité d'aucune sorte de l'auteur de ce livre.

Si le lecteur ne comprend pas un mot ou une phrase de la présente Clause de non-responsabilité, ou qu'il n'en accepte pas en partie ou pleinement les termes, il doit obligatoirement renoncer à toute utilisation de ce livre et s'engage à le supprimer ou le détruire sans délai.

INTRODUCTION

Les médias sociaux ont transformé la façon dont nous communiquons, nous connectons et consommons l'information. Cela a apporté des opportunités sans précédent pour les liens sociaux, les affaires, le divertissement et l'activisme. Cependant, la nature addictive des médias sociaux a entraîné une série de conséquences négatives telles qu'une baisse de la productivité, des troubles du sommeil et une baisse de l'estime de soi, pour n'en nommer que quelques-unes. Pour certains, les médias sociaux ont même été liés à l'anxiété, à la dépression et à la dépendance.

Dans ce livre, nous explorerons les moyens de nous libérer de l'emprise des médias sociaux et de trouver un équilibre plus sain dans nos vies numériques. Que vous vous sentiez submergé par les réseaux sociaux, que vous ayez du mal à trouver un équilibre entre votre vie personnelle et professionnelle, ou que vous recherchiez simplement une nouvelle perspective sur la façon d'interagir avec les réseaux sociaux, ce livre est fait pour vous.

Grâce à une série d'étapes pratiques et réalisables, nous explorerons comment reconnaître et surmonter la dépendance aux médias sociaux, fixer des objectifs et des intentions pour l'utilisation des médias sociaux et développer des habitudes saines pour réduire notre dépendance à celui-ci. Nous examinerons également comment établir des liens plus solides avec les autres hors ligne, nous engager dans des activités significatives pour réduire notre dépendance aux médias sociaux et naviguer dans les médias sociaux avec intention et but à l'avenir.

En fin de compte, ce livre vise à récupérer notre temps, notre attention et nos vies hors de l'emprise des médias sociaux. Il s'agit de trouver un équilibre plus sain dans nos vies numériques, d'établir des liens plus profonds avec les autres et de vivre une vie plus consciente, présente et épanouissante. Alors, commençons ce voyage pour se libérer des chaînes des médias sociaux et adopter une vie plus intentionnelle, épanouissante et connectée.

Chapitre 1 : Comprendre la dépendance aux médias sociaux

a. Comment les médias sociaux affectent notre cerveau

Les médias sociaux font désormais partie intégrante de la société moderne et leur impact sur le cerveau humain est indéniable. Le flux constant de notifications, de likes et de commentaires a créé une dépendance aux médias sociaux qui affecte notre cerveau de plusieurs manières.

L'une des façons dont les médias sociaux affectent notre cerveau est de libérer de la dopamine, un neurotransmetteur qui joue un rôle essentiel dans notre système de récompense. Chaque fois que nous recevons une notification ou similaire sur notre publication, notre cerveau libère de la dopamine, provoquant une sensation de plaisir et de récompense. Ce sentiment nous encourage à continuer à utiliser les médias sociaux, créant un cycle de dépendance.

De plus, les médias sociaux peuvent également affecter notre durée d'attention. Le flux constant d'informations et de notifications a rendu difficile la concentration des individus pendant de longues périodes. Une étude menée par Microsoft a révélé que la durée d'attention moyenne d'un individu est passée de 12 secondes à 8 secondes au cours de la dernière décennie, ce qui est plus court que celui d'un poisson rouge.

De plus, les médias sociaux peuvent également créer des sentiments d'anxiété et de dépression. Une étude de la Royal Society for Public Health a révélé que l'utilisation des médias sociaux est liée à des niveaux accrus d'anxiété, de dépression et de mauvais sommeil. Le besoin constant de validation et de comparaison avec les autres peut conduire à des sentiments d'inadéquation, conduisant à des états émotionnels négatifs.

Les médias sociaux peuvent également créer un sentiment de FOMO (peur de passer à côté) et de pression sociale. Voir des messages d'amis ou de connaissances qui profitent de leur vie peut conduire à un sentiment d'insatisfaction vis-à-vis de leur propre vie, conduisant à davantage d'anxiété et de dépression. De plus, les médias sociaux peuvent également créer une pression pour se conformer aux normes sociales, conduisant les individus à agir d'une manière qui n'est pas fidèle à eux-mêmes.

De plus, les médias sociaux peuvent affecter notre mémoire. La recherche a révélé que les personnes qui utilisent constamment les médias sociaux ont une capacité réduite à se souvenir des informations en raison des distractions et des interruptions constantes causées par l'utilisation des médias sociaux.

Enfin, les médias sociaux peuvent aussi modifier notre perception de la réalité. Avec la prévalence croissante des fausses nouvelles et de la désinformation, les utilisateurs des médias sociaux sont constamment exposés à une version biaisée de la réalité. Cette exposition peut conduire à des croyances et des opinions déformées, conduisant à une plus grande polarisation sociale et politique.

b. La psychologie derrière la dépendance aux réseaux sociaux

La dépendance aux médias sociaux est un phénomène qui a touché des millions de personnes dans le monde, et la psychologie qui la sous-tend est complexe. Comprendre la psychologie derrière la dépendance aux médias sociaux est crucial pour développer des stratégies pour la surmonter.

L'une des principales raisons de la dépendance aux médias sociaux est le concept de validation sociale. Les utilisateurs de médias sociaux recherchent souvent la validation des autres par le biais de likes, de commentaires et de partages. Cette validation crée un sentiment d'estime de soi, conduisant à un cycle de dépendance alors que les utilisateurs continuent de rechercher plus de validation de la part de leurs pairs.

De plus, le flux constant d'informations sur les réseaux sociaux crée un sentiment d'anticipation et d'excitation, ce qui peut déclencher la libération de dopamine dans le cerveau. La dopamine est un neurotransmetteur associé au plaisir et à la récompense, amenant les utilisateurs à éprouver un sentiment de plaisir lorsqu'ils utilisent les médias sociaux.

La dépendance aux médias sociaux est également liée au concept de FOMO (fear of missing out). Les mises à jour et les publications constantes sur les réseaux sociaux peuvent créer un sentiment d'anxiété et la peur de manquer des événements et des expériences que d'autres partagent. Cette peur peut conduire à une vérification compulsive des comptes de médias sociaux, créant un cycle de dépendance.

De plus, la dépendance aux médias sociaux est liée au concept d'accoutumance. Au fil du temps, l'utilisation des médias sociaux devient une habitude, ce qui rend difficile pour les utilisateurs de s'en défaire. Cette accoutumance est renforcée par les rappels et notifications constants que fournissent les plateformes de médias sociaux.

La dépendance aux médias sociaux peut également être attribuée au concept de comparaison sociale. Les utilisateurs se comparent souvent aux autres sur les réseaux sociaux, ce qui entraîne un sentiment d'inadéquation et un sentiment d'infériorité. Cette comparaison peut créer un cycle de dépendance alors que les utilisateurs continuent de rechercher la validation des autres et de se comparer à leurs pairs.

Enfin, la dépendance aux médias sociaux peut également être liée au concept d'évasion. Les utilisateurs se tournent souvent vers les médias sociaux pour échapper au stress et aux pressions de la vie quotidienne, créant ainsi un sentiment de soulagement et de confort. Cette évasion peut créer un cycle de dépendance alors que les utilisateurs continuent de chercher un soulagement à leurs problèmes grâce à l'utilisation des médias sociaux.

c. Signes de dépendance et comment les reconnaître

La dépendance aux médias sociaux est une préoccupation croissante dans la société d'aujourd'hui, et reconnaître les signes de dépendance est crucial pour résoudre le problème. Voici quelques signes de dépendance aux médias sociaux et comment les reconnaître.

L'un des signes les plus importants de la dépendance aux médias sociaux est le besoin constant de vérifier les comptes de médias sociaux. Si une personne se retrouve à consulter ses comptes de médias sociaux plusieurs fois par jour, même lorsque ce n'est pas nécessaire, cela peut être un signe de dépendance. Ce comportement peut conduire à négliger d'autres responsabilités et activités.

De plus, si une personne éprouve des symptômes de sevrage lorsqu'elle n'utilise pas les médias sociaux, tels que l'anxiété, l'agitation ou l'irritabilité, cela peut être un signe de dépendance. Ces symptômes sont une indication d'une dépendance aux médias sociaux, conduisant à un cycle de dépendance.

Un autre signe de dépendance aux médias sociaux est le temps qu'un individu passe sur les médias sociaux. Passer des heures sur les plateformes de médias sociaux peut indiquer un niveau d'attachement malsain et un manque de contrôle sur l'utilisation des médias sociaux. Cela peut également conduire à négliger d'autres tâches et responsabilités essentielles.

De plus, si l'humeur d'un individu est significativement affectée par l'utilisation des réseaux sociaux, cela peut être un signe de dépendance. Si une personne devient anxieuse, irritable ou déprimée lorsqu'elle n'utilise pas les médias sociaux, cela indique une dépendance à l'égard des médias sociaux pour la régulation émotionnelle.

De plus, si une personne se retrouve à mentir ou à cacher l'utilisation des médias sociaux aux autres, cela peut être un signe de dépendance. Ce comportement peut indiquer un sentiment de honte ou de culpabilité associé à l'utilisation des médias sociaux, ce qui peut conduire à une dépendance accrue.

Enfin, si la vie sociale d'un individu est significativement affectée par l'utilisation des réseaux sociaux, cela peut être un signe de dépendance. Si une personne donne la priorité à l'utilisation des médias sociaux par rapport aux interactions en face à face avec ses amis et sa famille, cela peut indiquer un niveau problématique d'attachement aux médias sociaux.

Chapitre 2 : Fixer des objectifs et des intentions

a. Identifier les objectifs personnels et les intentions d'utilisation des médias sociaux

À l'ère numérique d'aujourd'hui, les médias sociaux font désormais partie intégrante de nos vies. Cependant, il est important d'utiliser les médias sociaux de manière consciente et intentionnelle pour éviter de tomber dans le piège de la dépendance. Une façon d'assurer une utilisation responsable des médias sociaux est d'identifier les objectifs personnels et les intentions d'utilisation des médias sociaux.

L'identification d'objectifs personnels pour l'utilisation des médias sociaux implique de considérer ce qu'un individu espère atteindre grâce à l'utilisation des médias sociaux. Il peut s'agir de rester en contact avec vos amis et votre famille, de réseauter professionnellement ou de rester informé de l'actualité. Avoir des objectifs clairs peut aider les individus à utiliser les médias sociaux de manière plus intentionnelle et à éviter le défilement insensé.

De plus, définir des intentions d'utilisation des médias sociaux implique de considérer comment un individu veut se sentir lorsqu'il utilise les médias sociaux. Par exemple, un individu peut avoir l'intention de se sentir inspiré ou motivé lorsqu'il utilise les médias sociaux, plutôt que de se sentir anxieux ou stressé.

De plus, il est essentiel d'évaluer dans quelle mesure l'utilisation des médias sociaux s'aligne sur les valeurs et les priorités d'un individu. Si une personne apprécie de passer du temps de qualité avec sa famille et ses amis, elle peut vouloir limiter son utilisation des médias sociaux pour s'assurer qu'elle est pleinement présente pendant ces moments.

L'identification des objectifs personnels et des intentions d'utilisation des médias sociaux peut également impliquer l'établissement de limites autour de l'utilisation des médias sociaux. Par exemple, une personne peut décider de limiter son utilisation des médias sociaux à une heure précise de la journée ou d'éviter d'utiliser les médias sociaux lors de certaines activités, comme les repas ou l'exercice.

De plus, il est important d'être conscient du contenu qu'un individu consomme sur les réseaux sociaux. L'identification de valeurs et d'intérêts personnels peut aider les individus à filtrer leur contenu sur les réseaux sociaux afin de hiérarchiser les informations qui correspondent à leurs valeurs et à leurs objectifs.

De plus, l'identification des objectifs personnels et des intentions d'utilisation des médias sociaux peut impliquer d'être conscient de l'impact de l'utilisation des médias sociaux sur la santé mentale. Il est essentiel de définir des intentions d'utilisation des médias sociaux qui donnent la priorité au bien-être mental, comme prendre des pauses des médias sociaux si nécessaire.

b. Comprendre le rôle des médias sociaux dans la réalisation des objectifs

Les médias sociaux sont devenus un outil essentiel pour les particuliers et les entreprises pour atteindre leurs objectifs. Comprendre le rôle des médias sociaux dans la réalisation des objectifs peut aider les individus à utiliser les médias sociaux de manière plus efficace et efficiente.

L'une des principales façons dont les médias sociaux peuvent aider les individus à atteindre leurs objectifs est d'augmenter leur visibilité et leur portée. Par exemple, les personnes qui cherchent à créer une marque personnelle ou à promouvoir une entreprise peuvent utiliser les médias sociaux pour atteindre un public plus large et accroître leur visibilité.

De plus, les médias sociaux peuvent également faciliter le réseautage et la collaboration. Les plateformes de médias sociaux offrent aux individus la possibilité de se connecter avec des personnes partageant les mêmes idées ou des professionnels de l'industrie, ce qui peut conduire à des partenariats ou à des collaborations qui aident à atteindre des objectifs.

De plus, les médias sociaux peuvent fournir une plate-forme permettant aux individus de mettre en valeur leurs compétences et leurs talents. Par exemple, les musiciens ou les artistes peuvent utiliser les médias sociaux pour partager leur travail et gagner des abonnés, ce qui leur donne une visibilité accrue et des opportunités de carrière potentielles.

De plus, les médias sociaux peuvent fournir un moyen de recueillir des commentaires et des idées d'un public cible. Cette rétroaction peut être utilisée pour éclairer la prise de décision et améliorer les produits ou services, conduisant à de meilleurs résultats et à la réalisation des objectifs.

De plus, les médias sociaux peuvent être utilisés pour se tenir au courant des tendances et des changements dans les industries ou les domaines d'intérêt. En restant informés, les individus peuvent ajuster leurs stratégies et leurs approches pour mieux atteindre leurs objectifs.

De plus, les médias sociaux peuvent être utilisés pour interagir avec les clients ou le public, ce qui conduit à une fidélité accrue à la marque et à la satisfaction des clients. Cet engagement peut également conduire à des informations précieuses qui peuvent éclairer les futures stratégies marketing ou le développement de produits.

De plus, les médias sociaux peuvent faciliter l'éducation et la croissance personnelle. Des plateformes comme LinkedIn offrent aux individus la possibilité d'apprendre auprès de professionnels de l'industrie et d'acquérir des compétences et des connaissances précieuses qui peuvent être appliquées à la réalisation d'objectifs personnels ou professionnels.

c. Créer un plan pour aligner l'utilisation des médias sociaux sur les objectifs personnels

La création d'un plan pour aligner l'utilisation des médias sociaux sur les objectifs personnels est une étape cruciale dans l'utilisation intentionnelle et responsable des médias sociaux. Ce faisant, les individus peuvent s'assurer que leur temps passé sur les réseaux sociaux est productif et aligné sur leurs objectifs personnels.

La première étape de la création d'un plan consiste à identifier des objectifs personnels pour l'utilisation des médias sociaux. Cela peut impliquer de considérer ce qu'un individu espère réaliser grâce aux médias sociaux, qu'il s'agisse de rester en contact avec ses amis et sa famille ou de créer un réseau professionnel.

Une fois les objectifs identifiés, les individus peuvent élaborer un plan pour aligner leur utilisation des médias sociaux sur ces objectifs. Cela peut impliquer de fixer des limites autour de l'utilisation des médias sociaux, comme limiter le temps passé sur les médias sociaux ou éviter les médias sociaux lors de certaines activités, telles que les repas ou l'exercice.

De plus, cela peut impliquer de filtrer le contenu des médias sociaux pour hiérarchiser les informations qui correspondent aux objectifs personnels. Par exemple, les personnes qui cherchent à créer une marque personnelle peuvent souhaiter suivre des influenceurs ou des experts de l'industrie pour rester informées et inspirées.

De plus, les individus peuvent créer un calendrier ou un calendrier de contenu pour s'assurer que leur activité sur les réseaux sociaux est cohérente et alignée sur leurs objectifs. Cela peut aider les individus à éviter le défilement insensé et à s'assurer qu'ils partagent un contenu pertinent et engageant.

De plus, il est important d'être conscient de l'impact de l'utilisation des médias sociaux sur la santé mentale. La création d'un plan pour donner la priorité au bien-être mental, comme prendre des pauses sur les réseaux sociaux si nécessaire, peut aider les individus à maintenir une relation saine avec les réseaux sociaux et à éviter l'épuisement professionnel.

De plus, la création d'un plan pour aligner l'utilisation des médias sociaux sur les objectifs personnels peut impliquer la définition d'objectifs mesurables et le suivi des progrès. Par exemple, une personne cherchant à créer une marque personnelle peut se fixer comme objectif de gagner un certain nombre d'abonnés ou de recevoir un certain nombre d'engagements sur ses publications.

De plus, demander le soutien d'amis ou d'un thérapeute peut être utile pour créer et maintenir un plan qui correspond à vos objectifs personnels. En partageant les objectifs et les progrès avec les autres, les individus peuvent rester responsables et motivés.

Chapitre 3 : Minimalisme numérique

a. Le concept de minimalisme numérique et ses avantages

Dans la société d'aujourd'hui, le concept de minimalisme numérique a attiré une attention considérable en tant que moyen d'accroître la productivité, la concentration et le bien-être dans un monde de plus en plus dominé par la technologie. Le minimalisme numérique est la pratique d'être intentionnel et délibéré dans notre utilisation de la technologie numérique, et de donner la priorité aux activités de grande valeur tout en minimisant les distractions numériques de faible valeur ou inutiles.

L'un des principaux avantages du minimalisme numérique est l'augmentation de la productivité. En minimisant les distractions numériques, les individus peuvent concentrer leur attention sur les tâches les plus importantes et éviter les interruptions constantes qui peuvent nuire à leur concentration et à leur productivité.

De plus, le minimalisme numérique peut améliorer la santé mentale et le bien-être. Le barrage constant d'informations et de stimulation qui accompagne une utilisation excessive du numérique peut être écrasant et entraîner des sentiments d'anxiété ou d'épuisement professionnel. En donnant la priorité à l'utilisation intentionnelle et délibérée de la technologie numérique, les individus peuvent réduire ces effets négatifs et atteindre plus de clarté, de calme et d'équilibre dans leur vie.

De plus, le minimalisme numérique peut améliorer nos relations en favorisant des liens plus significatifs avec les autres. En réduisant le temps et l'énergie que nous consacrons au numérique, nous pouvons privilégier les interactions en face à face, essentielles pour construire des relations solides et durables.

De plus, le minimalisme numérique peut conduire à une plus grande créativité et innovation. En réduisant les distractions constantes de la technologie numérique, les individus peuvent puiser dans leur propre créativité et générer de nouvelles idées qui n'auraient peut-être pas fait surface dans un état plus distrait.

De plus, le minimalisme numérique peut aider les individus à reprendre le contrôle de leur vie et à prioriser ce qui compte vraiment. En choisissant intentionnellement comment et quand utiliser la technologie numérique, les individus peuvent éviter le sentiment d'être contrôlés par la technologie ou constamment « branchés ».

b. Étapes pour pratiquer le minimalisme numérique

À notre époque moderne de technologie, il est facile de se sentir submergé par le barrage constant de stimulation numérique. Pratiquer le minimalisme numérique est un moyen de contrer cela et d'atteindre un plus grand sentiment de concentration, de productivité et de bien-être. Voici quelques étapes pour aider les individus à pratiquer le minimalisme numérique.

Avant toute chose, il est essentiel d'évaluer votre utilisation actuelle du numérique. Prenez le temps de réfléchir à vos habitudes et d'identifier les domaines dans lesquels vous pourriez passer trop de temps ou vous engager dans des activités qui ne correspondent pas à vos objectifs personnels. Cela peut impliquer de suivre votre utilisation numérique sur une période de temps, d'utiliser des applications ou des outils pour surveiller votre temps d'écran, ou simplement d'être plus attentif à la façon dont vous passez votre temps en ligne.

Une fois que vous avez une idée claire de vos habitudes numériques actuelles, il est important de définir des priorités. Considérez quelles activités sont les plus importantes pour vous et comment la technologie numérique peut soutenir ou nuire à ces priorités. Par exemple, si vous travaillez sur un projet créatif, vous voudrez peut-être limiter votre utilisation des médias sociaux et vous concentrer sur des activités qui soutiennent votre créativité.

Établir des limites est un aspect essentiel du minimalisme numérique. Cela peut impliquer de fixer des limites au temps passé sur les réseaux sociaux, les e-mails ou d'autres activités numériques. De plus, envisagez d'éviter la technologie numérique pendant certaines activités ou à certains moments de la journée, comme les heures de repas, l'exercice ou avant le coucher.

Un moyen utile de pratiquer le minimalisme numérique est de procéder à un "désencombrement numérique". Cela implique de faire une pause dans toutes les activités numériques non essentielles pendant une période déterminée, comme une semaine ou un mois. Pendant ce temps, concentrez-vous sur des activités qui vous apportent de la joie ou de l'épanouissement en dehors du domaine numérique, comme passer du temps avec des êtres chers, poursuivre des passe-temps ou participer à des activités de plein air.

Un autre aspect clé du minimalisme numérique est d'être intentionnel quant aux types de technologie numérique que vous utilisez. Déterminez quelles applications, outils ou appareils sont essentiels à votre vie quotidienne et lesquels ne le sont pas. Éliminez les applications ou fonctionnalités inutiles et concentrez-vous sur l'utilisation d'une technologie qui correspond à vos objectifs et valeurs personnels.

En plus de ces étapes pratiques, il est important de cultiver un état d'esprit de pleine conscience et d'intentionnalité en matière de technologie numérique. Cela implique d'être présent et conscient de vos pensées, sentiments et comportements lorsque vous utilisez la technologie numérique, et de faire des choix conscients sur la manière et le moment de vous y engager.

c. Équilibrer les avantages de la technologie avec le besoin de présence et de pleine conscience

La technologie a transformé notre façon de vivre, de travailler et d'interagir les uns avec les autres. Des smartphones et des médias sociaux à la réalité virtuelle et à l'intelligence artificielle, la technologie numérique offre une multitude d'avantages et d'opportunités de croissance et de développement. Cependant, il est également important d'équilibrer ces avantages avec le besoin de présence et de pleine conscience dans nos vies. Voici quelques façons d'atteindre cet équilibre :

D'abord et avant tout, il est important d'être conscient de l'impact que la technologie a sur nos vies. Cela implique d'être conscient de la manière dont la technologie affecte nos pensées, nos émotions et nos comportements, et de faire des choix conscients sur la façon et le moment de s'y engager. Par exemple, au lieu de parcourir les réseaux sociaux sans réfléchir, prenez quelques instants pour réfléchir à la raison pour laquelle vous les utilisez et si cela ajoute de la valeur à votre vie.

Une autre façon d'équilibrer les avantages de la technologie avec le besoin de présence et de pleine conscience est de cultiver une pratique de méditation ou de pleine conscience. Ces pratiques peuvent nous aider à développer une plus grande conscience et concentration, et peuvent également nous aider à gérer le stress et l'anxiété liés à notre utilisation de la technologie. Envisagez de prendre quelques minutes chaque jour pour vous asseoir tranquillement, respirer profondément et vous concentrer sur le moment présent.

Il est également important d'établir des limites en ce qui concerne notre utilisation de la technologie. Cela peut impliquer de fixer des limites au temps passé sur les réseaux sociaux ou d'autres activités numériques, ou d'éviter complètement la technologie pendant certaines activités ou à certains moments de la journée. En fixant ces limites, nous pouvons nous assurer que la technologie nous sert plutôt qu'elle ne nous contrôle.

Une autre stratégie utile consiste à s'engager dans des activités qui favorisent la présence et la pleine conscience dans nos vies. Cela peut impliquer de passer du temps dans la nature, de participer à des activités créatives ou de se connecter avec des êtres chers en personne plutôt que par le biais de la technologie numérique. En donnant la priorité à ces activités, nous pouvons cultiver un plus grand sentiment d'équilibre et de bien-être dans nos vies.

Il est également important d'être intentionnel quant aux types de technologies que nous utilisons et à la façon dont nous les utilisons. Déterminez quelles applications, outils ou appareils sont essentiels à votre vie quotidienne et lesquels ne le sont pas. Éliminez les applications ou fonctionnalités inutiles et concentrez-vous sur l'utilisation d'une technologie qui correspond à vos objectifs et valeurs personnels.

Une autre façon d'équilibrer les avantages de la technologie avec le besoin de présence et de pleine conscience consiste à pratiquer des désintoxications ou désencombrements numériques. Cela implique de faire une pause dans toutes les activités numériques non essentielles pendant une période déterminée, comme une semaine ou un mois. Pendant ce temps, concentrez-vous sur des activités qui vous apportent de la joie ou de l'épanouissement en dehors du domaine numérique.

Enfin, il est important de se rappeler que la technologie n'est qu'un aspect de notre vie et qu'il existe de nombreux autres facteurs qui contribuent à notre bien-être et à notre bonheur en général. En cultivant un sentiment de présence et de pleine conscience dans nos vies, nous pouvons développer un plus grand sens de l'équilibre et du but, et nous pouvons nous assurer que la technologie nous sert plutôt qu'elle ne nous contrôle.

Chapitre 4 : Développer des habitudes saines

a. Créer une relation saine avec les réseaux sociaux

Créer une relation saine avec les médias sociaux est un aspect essentiel de la gestion de nos vies numériques. Bien que les médias sociaux puissent offrir de nombreux avantages, tels que la connexion, l'inspiration et le divertissement, ils peuvent également avoir des effets négatifs sur notre santé mentale et notre bien-être s'ils ne sont pas utilisés de manière consciente. Voici quelques façons de cultiver une relation saine avec les médias sociaux :

Tout d'abord, il est important d'établir des objectifs et des intentions clairs pour notre utilisation des médias sociaux. En indiquant intentionnellement pourquoi nous utilisons les médias sociaux et ce que nous espérons en tirer, nous pouvons nous assurer qu'ils servent un objectif positif dans nos vies. Cela peut impliquer de fixer des limites au temps passé sur les réseaux sociaux ou de ne l'utiliser que pour certains types d'activités, telles que le réseautage ou le partage de travaux créatifs.

Un autre aspect clé de la création d'une relation saine avec les médias sociaux est de pratiquer la conscience de soi et les soins personnels. Cela implique d'être conscient de la façon dont les médias sociaux affectent notre bien-être mental et émotionnel, et de prendre des mesures pour donner la priorité à notre santé et à notre bonheur. Par exemple, si parcourir les réseaux sociaux nous cause du stress ou de l'anxiété, nous devrons peut-être faire une pause ou limiter notre utilisation.

Il est également important de cultiver un sens de la communauté et du soutien lorsqu'il s'agit de notre utilisation des médias sociaux. Cela peut impliquer de se connecter avec d'autres personnes qui partagent des objectifs ou des valeurs similaires, ou de rechercher des ressources et des conseils sur la façon d'utiliser les médias sociaux de manière consciente. En construisant une communauté de soutien, nous pouvons nous sentir plus autonomes et motivés pour créer un changement positif dans nos vies.

Une autre façon de créer une relation saine avec les médias sociaux est de s'y engager de manière positive et productive. Cela peut impliquer l'utilisation des médias sociaux pour se connecter avec les autres de manière significative, comme le partage d'informations ou de ressources, ou la promotion de causes sociales et de l'activisme. En utilisant les médias sociaux dans un but qui correspond à nos valeurs, nous pouvons nous sentir plus épanouis et satisfaits de l'utilisation que nous en faisons.

Il est également important d'être conscient des types de contenu que nous consommons sur les réseaux sociaux et de la façon dont cela affecte nos pensées et nos émotions. Cela peut impliquer de ne plus suivre des comptes ou des pages qui nous causent du stress ou de la négativité, ou de rechercher du contenu qui nous inspire et nous élève. En organisant nos flux de médias sociaux d'une manière qui favorise la positivité et la croissance, nous pouvons créer une expérience plus saine et plus épanouissante.

Une autre stratégie utile pour créer une relation saine avec les médias sociaux consiste à pratiquer la modération et l'équilibre. Cela implique d'être conscient du temps que nous passons sur les réseaux sociaux et de l'équilibrer avec d'autres activités qui contribuent à notre bien-être général, comme l'exercice, les loisirs ou passer du temps avec des êtres chers. En trouvant un équilibre sain, nous pouvons nous assurer que les médias sociaux ne sont qu'un aspect de notre vie, plutôt que de consommer notre temps et notre attention.

b. Développer des habitudes positives pour réduire l'utilisation des réseaux sociaux

Construire des habitudes positives pour réduire l'utilisation des médias sociaux est un moyen efficace de créer une relation plus saine et plus équilibrée avec la technologie. En établissant des habitudes et des routines qui favorisent une utilisation consciente et intentionnelle des médias sociaux, nous pouvons minimiser leurs effets négatifs sur notre bien-être mental et émotionnel. Voici quelques façons de créer des habitudes positives pour réduire l'utilisation des médias sociaux :

Tout d'abord, il est important de fixer des objectifs clairs et réalisables pour réduire l'utilisation des médias sociaux. Cela peut impliquer de fixer des limites de temps ou des objectifs spécifiques pour le temps passé sur les réseaux sociaux chaque jour ou chaque semaine. En fixant des objectifs réalistes, nous pouvons établir un objectif clair pour réduire notre utilisation des médias sociaux et créer un sentiment de responsabilité et de motivation.

Un autre aspect clé de la construction d'habitudes positives est de remplacer l'utilisation des médias sociaux par d'autres activités qui favorisent le bien-être et la croissance. Cela peut impliquer de développer de nouveaux passe-temps ou intérêts, de passer du temps dans la nature ou de faire de l'exercice physique. En remplaçant le défilement inactif des médias sociaux par des activités positives et productives, nous pouvons réduire notre dépendance aux médias sociaux et cultiver des habitudes plus saines.

Il est également important de pratiquer la conscience de soi et la pleine conscience lorsqu'il s'agit d'utiliser les médias sociaux. Cela peut impliquer d'être conscient des types de contenu que nous consommons sur les réseaux sociaux et de la façon dont cela affecte nos pensées et nos émotions, ainsi que d'être conscient du temps que nous passons sur les réseaux sociaux chaque jour. En développant une approche consciente de l'utilisation des médias sociaux, nous pouvons faire des choix plus intentionnels et positifs sur la façon dont nous nous y engageons.

Une autre stratégie utile pour développer des habitudes positives consiste à créer un environnement favorable à la réduction de l'utilisation des médias sociaux. Cela peut impliquer de rechercher des amis ou des membres de la famille qui partagent des objectifs similaires, ou de rejoindre des communautés en ligne ou des groupes de soutien dédiés à la réduction de l'utilisation des médias sociaux. En construisant un réseau de soutien, nous pouvons nous sentir plus motivés et habilités à créer un changement positif dans nos vies.

Il est également important d'être patient et persévérant lorsqu'il s'agit de développer des habitudes positives. Développer de nouvelles habitudes demande du temps et des efforts, et les revers font naturellement partie du processus. En étant patient avec nous-mêmes et en restant attaché à nos objectifs, nous pouvons progressivement créer de nouvelles habitudes et routines qui favorisent une relation plus saine avec les médias sociaux.

Une autre stratégie utile pour développer des habitudes positives consiste à pratiquer l'auto-réflexion et l'évaluation. Cela peut impliquer de vérifier régulièrement avec nous-mêmes notre utilisation des médias sociaux et d'évaluer dans quelle mesure nous respectons nos objectifs et nos habitudes. En évaluant régulièrement nos progrès, nous pouvons faire les ajustements et les adaptations nécessaires pour nous assurer que nous avançons dans la bonne direction.

c. Établir des limites et des limites pour
l'utilisation des médias sociaux

Fixer des limites et des limites à l'utilisation des médias sociaux est essentiel pour créer une relation plus saine et plus équilibrée avec la technologie. En établissant des limites claires quant au moment et à la manière dont nous utilisons les médias sociaux, nous pouvons réduire leurs effets négatifs sur notre bien-être mental et émotionnel. Voici quelques façons de définir des limites et des limites pour l'utilisation des médias sociaux :

Premièrement, il est important de fixer des limites de temps claires pour l'utilisation des médias sociaux. Cela peut impliquer de désigner des moments spécifiques de la journée ou de la semaine pour l'utilisation des médias sociaux, ou de fixer une limite de temps quotidienne ou hebdomadaire pour l'activité des médias sociaux. En fixant des délais clairs et cohérents, nous pouvons réduire le temps que nous passons sur les réseaux sociaux et libérer plus de temps pour d'autres activités.

Un autre aspect important de la définition des limites consiste à établir des lignes directrices concernant les types de contenu que nous consommons sur les réseaux sociaux. Cela peut impliquer la création de filtres ou le blocage de certains types de contenus, tels que les actualités ou les contenus politiques, qui peuvent être déclencheurs ou nuisibles. En étant conscient des types de contenu que nous consommons sur les réseaux sociaux, nous pouvons créer un environnement en ligne plus positif et plus sain.

Il est également important de définir des limites autour des notifications et des alertes des réseaux sociaux. Cela peut impliquer la désactivation des notifications ou des alertes pour les applications de médias sociaux, ou la définition d'heures spécifiques de la journée pour vérifier les notifications des médias sociaux. En réduisant le nombre d'interruptions et de distractions liées aux notifications des réseaux sociaux, nous pouvons améliorer notre concentration et notre productivité.

Une autre stratégie utile pour fixer des limites consiste à créer des espaces ou des moments désignés pour l'utilisation des médias sociaux. Cela peut impliquer la mise en place d'un espace de travail ou d'une zone spécifique dans notre maison pour l'utilisation des médias sociaux, ou la désignation d'heures spécifiques de la journée ou de la semaine pour l'activité des médias sociaux. En créant des espaces ou des moments désignés pour l'utilisation des médias sociaux, nous pouvons réduire la probabilité de défilement insensé et créer une approche plus intentionnelle et consciente de l'utilisation des médias sociaux.

Il est également important de communiquer nos limites et limites concernant l'utilisation des médias sociaux avec les amis et les membres de la famille. Cela peut impliquer de définir des attentes claires concernant le moment et la manière dont nous utiliserons les médias sociaux, ou de discuter de nos préoccupations et de nos objectifs concernant l'utilisation des médias sociaux. En communiquant nos frontières et nos limites, nous pouvons créer un environnement social plus favorable et positif.

Une autre stratégie utile pour fixer des limites consiste à établir une période de désintoxication des médias sociaux. Cela peut impliquer de faire une pause dans les réseaux sociaux pendant un certain temps, comme une journée, une semaine ou un mois, afin de réinitialiser notre relation avec les réseaux sociaux et de réévaluer nos habitudes et nos objectifs. En prenant une pause des médias sociaux, nous pouvons gagner en perspective et en clarté sur notre utilisation des médias sociaux et développer une approche plus intentionnelle et consciente.

Enfin, il est important d'être flexible et adaptable lorsqu'il s'agit de fixer des limites et des limites pour l'utilisation des médias sociaux. Nos besoins et circonstances peuvent changer au fil du temps, et il est important d'être prêt à ajuster nos frontières et nos limites en conséquence. En étant flexibles et adaptables, nous pouvons créer une relation durable et saine avec les médias sociaux sur le long terme.

Chapitre 5 : Trouver des alternatives aux réseaux sociaux

a. Explorer des activités alternatives pour remplacer l'utilisation des médias sociaux

Explorer des activités alternatives pour remplacer l'utilisation des médias sociaux peut être un moyen puissant de réduire notre dépendance à l'égard de la technologie et de créer une vie plus équilibrée et épanouissante. Voici quelques idées d'activités alternatives qui peuvent être engageantes, enrichissantes et nous aider à nous déconnecter des réseaux sociaux :

Premièrement, une option consiste à explorer des loisirs créatifs tels que la peinture, le dessin ou l'écriture. En nous engageant dans des activités créatives, nous pouvons puiser dans notre imagination et nous exprimer de manière nouvelle et significative. Cela peut être un excellent moyen de réduire le stress et l'anxiété, et de trouver un épanouissement et un but en dehors des réseaux sociaux.

Une autre option consiste à passer plus de temps dans la nature, que ce soit en randonnée, en camping ou simplement en se promenant dans un parc local. Être dans la nature peut avoir un effet calmant et ancré sur notre esprit et notre corps, et nous aider à nous connecter avec le monde qui nous entoure de manière plus significative.

L'exercice physique est également un excellent moyen de remplacer l'utilisation des médias sociaux. Qu'il s'agisse d'aller au gymnase, de pratiquer le yoga ou de suivre un cours de danse, l'exercice peut améliorer notre santé physique et mentale et fournir un exutoire positif pour notre énergie.

Une activité alternative aux médias sociaux est le bénévolat ou le service communautaire. En redonnant à nos communautés, nous pouvons ressentir un sens du but et de l'épanouissement, et nous connecter avec d'autres qui partagent nos valeurs et nos intérêts.

Une autre option consiste à explorer de nouveaux passe-temps ou intérêts, comme apprendre une nouvelle langue, cuisiner ou jouer d'un instrument. En essayant de nouvelles choses, nous pouvons nous mettre au défi et développer de nouvelles compétences et talents, ce qui peut être une excellente source de croissance et d'épanouissement personnels.

La lecture de livres est également un excellent moyen de remplacer l'utilisation des médias sociaux. Qu'il s'agisse de fiction, de non-fiction ou d'auto-assistance, la lecture peut élargir notre esprit, améliorer notre concentration et notre concentration, et fournir une évasion saine du stress de la vie quotidienne.

Une façon de remplacer l'utilisation des médias sociaux est de passer plus de temps avec les amis et la famille. Qu'il s'agisse de sortir dîner, de jouer à des jeux ou simplement d'avoir une conversation, passer du temps de qualité avec des êtres chers peut être une grande source de joie et de connexion.

Enfin, une activité alternative aux réseaux sociaux consiste à ne rien faire. Prendre le temps de se détendre et de ne rien faire peut être un moyen puissant de réduire le stress et l'anxiété et de recharger nos batteries. Qu'il s'agisse de faire une sieste, de méditer ou simplement de s'asseoir en silence, ne rien faire peut être un outil puissant pour les soins personnels et le bien-être.

En conclusion, explorer des activités alternatives pour remplacer l'utilisation des médias sociaux peut être un excellent moyen de réduire notre dépendance à l'égard de la technologie et de créer une vie plus équilibrée et épanouissante. En essayant de nouveaux passe-temps, en passant du temps dans la nature, en faisant du bénévolat, en lisant des livres ou tout simplement en ne faisant rien, nous pouvons trouver de nouvelles sources de joie, de connexion et d'épanouissement en dehors des réseaux sociaux. En incorporant ces activités à notre routine quotidienne, nous pouvons réduire les effets négatifs des médias sociaux sur notre bien-être mental et émotionnel, et créer une approche plus intentionnelle et consciente de la vie.

b. Établir des relations en dehors des médias sociaux

Établir des liens et des relations en dehors des médias sociaux peut être un moyen puissant de créer des relations plus profondes et plus significatives et de réduire notre dépendance à la technologie. Voici quelques idées pour établir des liens et des relations en dehors des médias sociaux :

Premièrement, une option consiste à rejoindre des clubs ou des groupes qui correspondent à nos intérêts et à nos valeurs. Qu'il s'agisse d'un club de lecture, d'un groupe de randonnée ou d'une organisation bénévole, rejoindre un groupe de personnes partageant les mêmes idées peut être un excellent moyen de rencontrer de nouvelles personnes et d'établir des relations significatives.

Une autre option consiste à assister à des événements sociaux dans notre communauté, tels que des expositions d'art, des concerts ou des événements caritatifs. En assistant à ces événements, nous pouvons nous connecter avec d'autres personnes qui partagent nos intérêts et nos passions, et établir des relations basées sur des expériences et des valeurs partagées.

Les événements de réseautage sont également un excellent moyen de créer des liens en dehors des médias sociaux. Qu'il s'agisse d'un événement de réseautage professionnel ou d'un rassemblement social, les événements de réseautage offrent l'occasion de rencontrer de nouvelles personnes et d'établir des relations basées sur des intérêts et des objectifs mutuels.

Passer du temps avec sa famille et ses amis est un autre moyen puissant de créer des liens en dehors des réseaux sociaux. En accordant la priorité au temps de qualité avec nos proches, nous pouvons renforcer nos relations et créer des liens plus profonds basés sur une histoire et des valeurs communes.

Le bénévolat est également un excellent moyen de créer des liens et des relations en dehors des médias sociaux. En redonnant à nos communautés, nous pouvons nouer des liens avec d'autres personnes qui partagent nos valeurs et nos intérêts, et établir des relations basées sur un sens partagé de l'objectif et de l'engagement à faire une différence.

Assister à des cours ou à des ateliers peut être un excellent moyen de créer des liens en dehors des médias sociaux, surtout si les cours correspondent à nos intérêts et à nos passions. Qu'il s'agisse d'un cours de cuisine, d'un cours de langue ou d'un atelier de photographie, assister à des cours peut être l'occasion de rencontrer de nouvelles personnes et de nouer des relations basées sur des intérêts communs.

Participer à des activités sportives ou de remise en forme peut également être un moyen puissant de créer des liens en dehors des médias sociaux. Qu'il s'agisse de rejoindre une équipe sportive, de suivre des cours de yoga ou d'aller courir avec un ami, participer à des activités physiques peut être l'occasion de se connecter avec d'autres personnes qui partagent notre passion pour le fitness et le bien-être.

Enfin, un moyen puissant de créer des liens en dehors des médias sociaux consiste simplement à prendre le temps de dialoguer avec les personnes qui nous entourent. Qu'il s'agisse d'engager une conversation avec un étranger dans un café ou de dire bonjour à un voisin, prendre le temps de s'engager avec ceux qui nous entourent peut être un moyen puissant d'établir des liens et des relations basées sur une véritable interaction humaine.

c. S'engager dans des activités significatives pour réduire la dépendance aux médias sociaux

Les médias sociaux font désormais partie intégrante de notre vie quotidienne et beaucoup d'entre nous en dépendent de plus en plus. Cependant, une utilisation excessive des médias sociaux peut avoir des effets négatifs sur notre santé mentale et notre bien-être. Pour se libérer de l'emprise des médias sociaux, il est important de s'engager dans des activités significatives qui nous apportent joie et épanouissement.

Une façon de réduire la dépendance aux médias sociaux est de s'adonner à des passe-temps et à des activités que nous trouvons agréables. Cela peut être n'importe quoi, de la peinture à la randonnée en passant par la cuisine. En nous concentrant sur des activités qui nous apportent de la joie, nous pouvons oublier les réseaux sociaux et trouver le bonheur dans d'autres domaines de notre vie.

Une autre façon de réduire la dépendance aux médias sociaux est de faire du bénévolat dans nos communautés. Le bénévolat aide non seulement les autres, mais il peut aussi être une source d'épanouissement personnel et d'objectif. En nous impliquant dans des initiatives locales, nous pouvons nous connecter avec d'autres membres de notre communauté et créer des relations significatives en dehors des médias sociaux.

L'exercice physique est également un excellent moyen de réduire la dépendance aux médias sociaux. L'exercice libère des endorphines, ce qui peut nous aider à nous sentir plus positifs et plus énergiques. De plus, l'exercice peut être une activité amusante et sociale, que nous suivions un cours de danse ou que nous partions en randonnée avec des amis.

La lecture est un autre excellent moyen de réduire la dépendance aux médias sociaux. En lisant des livres, nous pouvons élargir nos connaissances et notre imagination, et nous évader dans différents mondes et perspectives. La lecture peut être une activité relaxante et épanouissante qui nous aide à nous déconnecter de la stimulation constante des médias sociaux.

S'engager dans des activités créatives, comme écrire ou jouer d'un instrument, peut également nous aider à réduire notre dépendance aux médias sociaux. Ces activités nous permettent de nous exprimer et de canaliser notre énergie vers quelque chose de productif et de positif. Que nous écrivions un poème ou composions une chanson, la créativité peut être un excellent exutoire pour nos émotions et nos pensées.

Passer du temps avec ses proches est également un moyen important de réduire la dépendance aux médias sociaux. En passant du temps avec nos amis et notre famille, nous pouvons établir des liens solides et créer des souvenirs qui durent toute une vie. Que ce soit pour un pique-nique dans le parc ou pour regarder un film à la maison, passer du temps avec ses proches peut être une expérience épanouissante et enrichissante.

Enfin, s'engager dans des pratiques de pleine conscience peut nous aider à réduire notre dépendance aux médias sociaux. Les pratiques de pleine conscience, telles que la méditation ou le yoga, peuvent nous aider à cultiver un sentiment de calme et de clarté dans nos vies. En nous concentrant sur le moment présent, nous pouvons devenir plus conscients de nos pensées et de nos sentiments et développer un plus grand sentiment de contrôle sur notre utilisation des médias sociaux.

Chapitre 6 : Établir des liens plus solides

a. Favoriser des connexions plus profondes avec les autres hors ligne

À l'ère numérique d'aujourd'hui, les médias sociaux font désormais partie intégrante de notre vie quotidienne. Bien que cela nous aide à rester en contact avec nos amis et notre famille, cela peut également conduire à des sentiments d'isolement et de déconnexion. Par conséquent, il est essentiel de favoriser des liens plus profonds avec les autres hors ligne. Cela peut être réalisé par divers moyens, et les paragraphes suivants les exploreront.

L'un des meilleurs moyens de favoriser des liens plus profonds avec les autres hors ligne est de participer à des activités de groupe. Rejoindre une équipe sportive, suivre un cours de cuisine ou participer à un club de lecture ne sont que quelques exemples. Ces activités offrent des occasions de rencontrer de nouvelles personnes partageant des intérêts communs et de créer des liens significatifs. Lorsque vous vous engagez dans des activités de groupe, vous ne faites pas que rencontrer des gens, mais vous établissez également des relations grâce à des expériences partagées.

Le bénévolat est un autre excellent moyen de favoriser des liens plus profonds avec les autres hors ligne. Non seulement cela vous donne un sens, mais cela vous met également en contact avec des personnes partageant les mêmes idées et passionnées par la même cause. Qu'il s'agisse de faire du bénévolat dans un refuge local, un centre communautaire ou un événement caritatif, vous aurez un impact positif tout en forgeant des relations significatives.

La connexion avec les autres hors ligne peut également être réalisée grâce à des passe-temps et à des activités créatives. Prendre de la photographie, peindre ou jouer d'un instrument de musique offre des opportunités de se connecter avec d'autres qui partagent la même passion. Assistez à des expositions d'art ou rejoignez un club de photographie pour entrer en contact avec d'autres personnes partageant les mêmes idées.

Partager des repas avec vos amis et votre famille est un autre excellent moyen de favoriser des liens plus profonds avec les autres hors ligne. Qu'il s'agisse d'un dîner ou d'un repas-partage, rompre le pain avec les autres permet des conversations significatives et crée un sentiment de communauté. C'est une occasion de se connecter avec les autres à un niveau personnel, de partager des histoires et de créer des souvenirs durables.

Passer du temps dans la nature est également un excellent moyen de favoriser des liens plus profonds avec les autres hors ligne. La randonnée, le camping ou une promenade dans la nature offrent des opportunités de se connecter avec les autres dans un cadre plus naturel. Il vous permet de faire une pause dans le monde numérique et de vous concentrer sur le moment présent tout en créant des liens significatifs.

Assister à des événements dans votre communauté est une autre façon de favoriser des liens plus profonds avec les autres hors ligne. Les festivals locaux, les concerts et les événements culturels sont d'excellents endroits pour rencontrer de nouvelles personnes et se connecter avec d'autres qui partagent les mêmes intérêts. Qu'il s'agisse d'un festival gastronomique, d'un festival de musique ou d'une foire culturelle, vous rencontrerez forcément de nouvelles personnes et créerez des liens durables.

Enfin, la création d'un groupe de soutien peut également aider à favoriser des liens plus profonds avec d'autres personnes hors ligne. Il peut s'agir d'un groupe d'amis qui se réunissent pour se soutenir mutuellement face aux défis de la vie ou d'un groupe axé sur un problème ou un sujet particulier. C'est l'occasion de partager des expériences, de fournir un soutien et de créer des liens durables.

b. L'importance de la communication en face à face

À l'ère numérique d'aujourd'hui, il est facile de tomber dans le piège de se fier uniquement à la technologie pour communiquer avec les autres. Alors que les médias sociaux et autres plateformes numériques offrent de nombreux avantages, rien ne remplace les liens profonds qui découlent de la communication en face à face. Comprendre l'importance de ce type d'interaction est essentiel pour établir des relations saines et s'épanouir dans tous les domaines de la vie.

La communication en face à face nous permet de nous connecter avec les autres à un niveau plus profond. Il ne s'agit pas seulement des mots que nous utilisons, mais aussi du ton de la voix, des expressions faciales et du langage corporel. Ces signaux non verbaux nous donnent des informations importantes sur les pensées et les sentiments de l'autre personne, nous aidant à mieux les comprendre et à nous connecter avec eux.

De plus, la communication en face à face est essentielle pour établir la confiance et favoriser des relations solides. Lorsque nous rencontrons quelqu'un en personne, nous avons la possibilité d'établir une relation et d'établir un sentiment de compréhension mutuelle difficile à atteindre grâce à la communication numérique. Ceci est particulièrement important dans les relations commerciales et professionnelles, où la confiance est essentielle au succès.

De plus, la communication en face à face nous aide à développer des compétences sociales importantes. Cela nous permet de pratiquer l'écoute active, l'empathie et une communication efficace, qui sont toutes essentielles pour des relations saines. En engageant des conversations en face à face, nous pouvons améliorer nos compétences en communication et renforcer notre confiance dans les situations sociales.

Un autre avantage de la communication en face à face est qu'elle peut nous aider à réduire le stress et l'anxiété. Lorsque nous nous sentons dépassés ou stressés, parler à quelqu'un en personne peut être incroyablement apaisant. Cela nous permet d'évacuer nos frustrations, de demander du soutien et de recevoir du réconfort d'un ami ou d'un membre de la famille de confiance.

De plus, la communication en face à face est un élément essentiel du développement personnel et professionnel. Rencontrer des mentors, assister à des événements de réseautage et participer à des ateliers et à des conférences sont d'excellents moyens de créer des liens et d'apprendre des autres. Ces expériences peuvent nous aider à grandir et à nous développer d'une manière qui n'est tout simplement pas possible via les canaux numériques.

Enfin, la communication en face à face est essentielle pour bâtir une communauté et créer un sentiment d'appartenance. Que ce soit en assistant à des événements locaux, en faisant du bénévolat ou en participant à des activités de groupe, se connecter avec les autres en personne peut nous aider à tisser des liens solides avec notre communauté et à nous sentir plus connectés au monde qui nous entoure.

c. Développer des compétences de communication saines et instaurer la confiance

Une communication efficace est la base de toute relation saine, que ce soit avec des amis, la famille ou des partenaires amoureux. À l'ère numérique, les médias sociaux nous ont fourni un moyen de communiquer instantanément avec n'importe qui, n'importe où, n'importe quand. Cependant, cette commodité a un coût, car elle a rendu plus difficile la communication en face à face et une véritable connexion. Il est essentiel de développer des compétences de communication saines et d'instaurer la confiance afin de favoriser des liens plus profonds avec les autres, à la fois en ligne et hors ligne.

La première étape pour développer des compétences de communication saines est d'être conscient de vos propres habitudes de communication. Réfléchissez à la façon dont vous communiquez généralement, que ce soit par SMS, par messagerie sur les réseaux sociaux ou en personne. Faites attention à la façon dont vous vous exprimez et à la façon dont les autres vous répondent. Cette prise de conscience peut vous aider à identifier les domaines où vous devrez peut-être vous améliorer.

L'écoute active est un autre élément crucial d'une communication saine. Cela signifie écouter avec toute votre attention et essayer de comprendre le point de vue de l'autre sans porter de jugement. Cela implique de poser des questions et de clarifier tout malentendu. En étant un auditeur actif, vous pouvez montrer que vous accordez de l'importance aux pensées et aux sentiments de l'autre personne, ce qui peut aider à renforcer la confiance et à approfondir la connexion.

La confiance est un élément crucial dans toute relation, et elle peut être construite grâce à une communication cohérente et honnête. L'honnêteté signifie être honnête à propos de vos pensées et de vos sentiments, même s'ils peuvent être difficiles à exprimer. Cela signifie également être responsable de vos actions et reconnaître toutes les erreurs. La confiance peut être rompue en cas de malhonnêteté ou d'incohérence dans la communication, il est donc important d'être transparent et ouvert avec les autres.

Un autre aspect clé d'une communication saine consiste à établir des limites et des attentes claires. Cela signifie être honnête sur ce avec quoi vous êtes à l'aise et ce avec quoi vous ne l'êtes pas. C'est aussi respecter les limites et les attentes des autres. En fixant des limites claires, vous pouvez éviter les malentendus et renforcer la confiance dans la relation.

Une communication efficace implique également d'assumer la responsabilité de ses propres émotions et réactions. Cela signifie ne pas blâmer les autres pour ce que vous ressentez ou réagir de manière défensive. Au lieu de cela, cela implique d'exprimer vos émotions de manière constructive et de vous approprier vos réponses. Cela peut aider à renforcer la confiance et à approfondir le lien en montrant que vous êtes prêt à assumer la responsabilité de vos propres sentiments.

Enfin, l'établissement d'un climat de confiance et d'une communication saine implique de reconnaître et de résoudre tout problème ou conflit susceptible de survenir. Cela signifie être prêt à avoir des conversations difficiles et à travailler à la résolution. En traitant les conflits directement et honnêtement, vous pouvez renforcer la relation et instaurer la confiance.

Chapitre 7 : Faire face au FOMO et à la pression sociale

a. Surmonter la peur de manquer

La peur de passer à côté (FOMO) est un phénomène courant dans la société d'aujourd'hui, et il peut être exacerbé par les médias sociaux. Le FOMO est la peur que les autres vivent une expérience plus agréable ou plus satisfaisante que vous, et cela peut entraîner de l'anxiété et du stress. Cependant, il est important de reconnaître que les médias sociaux ne fournissent qu'un aperçu précis de la vie des autres et ne reflètent pas fidèlement la réalité. Voici quelques stratégies pour surmonter la peur de manquer quelque chose :

Concentrez-vous sur le présent : au lieu de vous soucier de ce que font les autres, concentrez-vous sur le moment présent et les expériences que vous vivez. Pratiquez la pleine conscience et soyez pleinement présent dans vos activités.

Limitez l'utilisation des médias sociaux : les médias sociaux peuvent alimenter FOMO en vous bombardant constamment d'images et de mises à jour d'autres personnes. Essayez de limiter votre utilisation des réseaux sociaux et de fixer des limites quant au moment et à la manière dont vous les utilisez.

Pratiquez la gratitude : la gratitude peut vous aider à déplacer votre attention de ce que vous n'avez pas vers ce que vous avez. Prenez le temps chaque jour de réfléchir à ce pour quoi vous êtes reconnaissant dans votre vie.

Établissez des attentes réalistes : Il est important de reconnaître que personne ne peut tout faire ou être partout à la fois. Fixez-vous des attentes réalistes pour vous-même et vos expériences, et souvenez-vous qu'il n'y a rien de mal à passer à côté de certaines choses.

Créez une vie épanouissante : au lieu de compter sur les médias sociaux pour vous épanouir, créez une vie qui se remplit par elle-même. Poursuivez des passe-temps et des activités qui vous apportent joie et épanouissement.

Soyez intentionnel quant à l'utilisation des médias sociaux : lorsque vous utilisez les médias sociaux, soyez intentionnel à ce sujet. Au lieu de faire défiler sans réfléchir, utilisez les médias sociaux pour vous connecter avec les autres, apprendre de nouvelles choses ou être inspiré.

Connectez-vous avec d'autres hors ligne : établir des liens solides avec d'autres personnes hors ligne peut aider à réduire la peur de passer à côté. Prenez le temps de vous connecter avec vos amis et votre famille en personne et donnez la priorité aux activités qui impliquent une interaction en face à face.

Pratiquez l'auto-compassion: Il est important d'être gentil avec vous-même et de pratiquer l'auto-compassion lorsque vous traitez avec FOMO. Reconnaissez qu'il s'agit d'un sentiment courant et soyez doux avec vous-même pendant que vous le traversez.

b. Affronter la pression sociale pour utiliser les médias sociaux

La pression sociale pour utiliser les médias sociaux est un phénomène courant à l'ère numérique d'aujourd'hui. Avec de plus en plus de personnes connectées en ligne, il peut être difficile de résister à la tentation de se connecter aux plateformes de médias sociaux, même lorsque ce n'est pas dans notre meilleur intérêt. Faire face à cette pression peut être difficile, mais il est essentiel de maintenir une relation saine avec la technologie.

Premièrement, il est crucial de reconnaître que la pression sociale peut provenir de nombreuses sources, notamment les amis, la famille et les collègues. Par exemple, si vos collègues utilisent les médias sociaux pour communiquer sur des questions liées au travail, vous pourriez vous sentir obligé de participer, même si vous préférez d'autres formes de communication. Pour faire face à cette pression, il est important de fixer des limites claires et de communiquer vos préférences aux autres.

Deuxièmement, il est essentiel de se rappeler que les médias sociaux peuvent créer une vision déformée de la réalité. Les gens publient souvent des versions organisées et filtrées de leur vie, ce qui peut créer des sentiments d'inadéquation et de FOMO (peur de passer à côté). Pour faire face à cette pression, essayez de vous concentrer sur votre propre vie et vos objectifs, plutôt que de vous comparer aux autres.

Troisièmement, il est essentiel de reconnaître l'impact que les médias sociaux peuvent avoir sur notre santé mentale. Des études ont montré qu'une utilisation excessive des médias sociaux peut conduire à la dépression, à l'anxiété et à la solitude. Pour faire face à cette pression, il est important de prioriser les soins personnels et la santé mentale, y compris de réserver du temps pour des activités qui favorisent le bien-être.

Quatrièmement, il est important d'être conscient de la nature addictive des médias sociaux. Les entreprises conçoivent ces plateformes pour garder les utilisateurs engagés aussi longtemps que possible, ce qui peut rendre difficile la déconnexion. Pour faire face à cette pression, essayez de fixer des limites à votre utilisation des médias sociaux et de trouver des activités alternatives à pratiquer lorsque vous ressentez le besoin de faire défiler.

Cinquièmement, il est essentiel d'être conscient de l'impact que les médias sociaux peuvent avoir sur nos relations. La recherche a montré qu'une utilisation excessive des médias sociaux peut entraîner une diminution des compétences sociales et de l'intimité. Pour faire face à cette pression, privilégiez les interactions en face à face et les conversations significatives avec vos proches.

Sixièmement, il est important de reconnaître que les médias sociaux ne sont pas le seul moyen de rester en contact avec les autres. Il existe de nombreuses autres façons de communiquer, telles que les appels téléphoniques, les e-mails et les chats vidéo. Pour faire face à cette pression, essayez d'expérimenter différentes formes de communication pour trouver ce qui vous convient le mieux.

Septièmement, il est important de se rappeler qu'il est normal de faire des pauses sur les réseaux sociaux. En fait, prendre des pauses peut être bénéfique pour notre santé mentale et notre bien-être. Pour faire face à cette pression, essayez de faire une cure de désintoxication numérique pendant quelques jours, voire une semaine.

Enfin, il est important de demander de l'aide si nécessaire. Faire face à la pression sociale peut être difficile, et il est normal de demander de l'aide. Parlez à des amis, à votre famille ou à un professionnel de la santé mentale si vous avez du mal à maintenir une relation saine avec les médias sociaux. N'oubliez pas que le parcours de chacun est différent et qu'il est normal d'avancer à votre rythme.

c. Développer la confiance nécessaire pour faire des choix personnels concernant l'utilisation des médias sociaux

Alors que les médias sociaux continuent de jouer un rôle important dans notre vie quotidienne, il peut être difficile de déterminer comment les utiliser sans se sentir dépassé ou dépendant. Cependant, il est important de reconnaître que les médias sociaux sont un outil et que nous avons le pouvoir de choisir comment nous les utilisons. Développer la confiance nécessaire pour faire des choix personnels concernant l'utilisation des médias sociaux est une étape essentielle pour créer une relation saine avec la technologie. Voici quelques conseils pour vous aider à développer la confiance nécessaire pour faire des choix personnels concernant l'utilisation des médias sociaux.

Tout d'abord, il est essentiel de comprendre vos propres valeurs et priorités. En identifiant ce qui est important pour vous et ce que vous voulez accomplir, vous pouvez mieux évaluer si les médias sociaux vous aident ou vous empêchent de progresser. Par exemple, si votre priorité est de passer du temps de qualité avec votre famille et vos amis, une utilisation excessive des médias sociaux peut interférer avec votre objectif. Par conséquent, il est crucial de faire des choix conscients pour aligner l'utilisation des médias sociaux sur vos valeurs.

Deuxièmement, il est crucial de garder à l'esprit ce que les médias sociaux vous font ressentir. Faites attention à ce que vous ressentez avant, pendant et après l'utilisation des réseaux sociaux. Si vous remarquez que les réseaux sociaux provoquent des émotions négatives telles que l'anxiété, la jalousie ou la dépression, envisagez de limiter votre utilisation ou de faire une pause. En développant ce niveau de sensibilisation, vous serez plus confiant pour faire des choix sur le moment et la quantité d'utilisation des médias sociaux.

Troisièmement, il est important de fixer des limites à l'utilisation des médias sociaux. Par exemple, vous pouvez choisir de ne consulter les réseaux sociaux qu'à des moments précis de la journée ou de fixer une limite de temps pour votre utilisation des réseaux sociaux. Ces limites peuvent vous aider à éviter de tomber dans le piège du défilement insensé et à développer des habitudes plus saines autour de la technologie.

Quatrièmement, recherchez le soutien d'amis et de membres de votre famille qui partagent vos objectifs de réduction de l'utilisation des médias sociaux. Cela peut être un moyen efficace de vous responsabiliser et d'avoir confiance dans vos choix. De plus, envisagez de rejoindre un groupe social ou un passe-temps où vous pouvez vous engager dans des activités significatives qui n'impliquent pas les médias sociaux. De cette façon, vous pouvez occuper votre temps avec des activités qui correspondent à vos valeurs et vous apportent de la joie.

Cinquièmement, il est essentiel d'être à l'aise avec l'idée de passer à côté. Bien que les médias sociaux puissent être un excellent moyen de rester connecté, il est important de reconnaître que vous n'avez pas besoin d'être présent sur toutes les plateformes ou de participer à toutes les conversations. En acceptant que vous puissiez manquer certaines interactions sur les réseaux sociaux, vous pouvez vous concentrer sur les connexions qui comptent vraiment pour vous.

Sixièmement, entraînez-vous à dire non à l'utilisation des réseaux sociaux lorsqu'ils ne correspondent pas à vos valeurs ou à vos priorités. Par exemple, si vous êtes au milieu d'une tâche importante, vous pouvez choisir de retarder la vérification des médias sociaux jusqu'à ce que vous ayez terminé. Ce faisant, vous développerez une plus grande confiance dans votre capacité à faire des choix qui correspondent à vos objectifs.

Septièmement, concentrez-vous sur la création d'habitudes positives autour de la technologie. Au lieu de compter sur les médias sociaux pour combler les temps morts ou pour vous divertir, engagez-vous dans des activités que vous trouvez agréables et épanouissantes. Par exemple, vous pourriez lire un livre, faire une promenade ou apprendre une nouvelle compétence. En vous concentrant sur des activités positives, vous pouvez réduire la dépendance aux médias sociaux pour vous divertir.

Chapitre 8 : Utilisation consciente des médias sociaux

a. Avantages d'une utilisation consciente des médias sociaux

Les médias sociaux sont devenus une partie omniprésente de la vie moderne, avec des milliards de personnes dans le monde utilisant des plateformes comme Facebook, Instagram, Twitter et TikTok pour se connecter avec les autres, partager des informations et consommer des médias. Cependant, le rythme rapide et la stimulation constante des médias sociaux peuvent être accablants, entraînant anxiété, stress et un sentiment de déconnexion du monde qui nous entoure. L'utilisation consciente des médias sociaux offre un moyen de s'engager avec ces plateformes d'une manière plus saine et plus intentionnelle, ce qui peut entraîner de nombreux avantages pour notre bien-être.

L'un des principaux avantages d'une utilisation consciente des médias sociaux est une meilleure conscience de soi. Lorsque nous abordons les médias sociaux avec pleine conscience, nous sommes mieux à même de remarquer nos propres pensées, sentiments et réactions au contenu que nous rencontrons. Cela peut nous aider à identifier des schémas dans notre comportement et nos processus de pensée, ainsi qu'à reconnaître quand nous pourrions être pris dans des schémas de pensée négatifs ou improductifs. En étant plus conscients de nous-mêmes, nous pouvons prendre des mesures pour faire des choix intentionnels concernant notre utilisation des médias sociaux et réduire tout impact négatif que cela pourrait avoir sur notre santé mentale.

Un autre avantage de l'utilisation consciente des médias sociaux est l'amélioration de la concentration et de la concentration. Lorsque nous parcourons constamment les flux et que nous consommons des informations à un rythme rapide, il peut être difficile de rester concentré sur une seule chose pendant très longtemps. En abordant les médias sociaux avec pleine conscience, nous pouvons entraîner notre esprit à rester plus présent et engagé avec le contenu que nous consommons. Cela peut conduire à une concentration accrue et à une plus grande capacité à absorber les informations, ce qui peut être bénéfique tant dans notre vie personnelle que professionnelle.

L'utilisation consciente des médias sociaux peut également nous aider à établir des relations plus solides avec les autres. Lorsque nous sommes plus intentionnels et concentrés dans nos interactions sur les réseaux sociaux, nous pouvons approfondir nos liens avec les autres et favoriser un plus grand sens de la communauté. Cela peut être particulièrement important lorsque nous nous sentons isolés ou déconnectés, car les médias sociaux peuvent fournir une source précieuse de soutien et de connexion.

En plus de ces avantages, une utilisation consciente des médias sociaux peut également nous aider à devenir plus empathiques et compatissants. Lorsque nous abordons les médias sociaux avec pleine conscience, nous sommes mieux à même de comprendre et de nous rapporter aux expériences des autres. Cela peut nous aider à développer une plus grande empathie et compassion, ce qui peut à son tour améliorer nos relations et notre capacité à naviguer dans des situations sociales complexes.

L'utilisation consciente des médias sociaux peut également nous aider à développer une plus grande résilience et des capacités d'adaptation. Lorsque nous rencontrons un contenu difficile ou exigeant sur les réseaux sociaux, l'aborder avec attention peut nous aider à rester calmes et centrés. En étant plus conscients de nos propres réactions et émotions, nous pouvons apprendre à réguler nos réponses et éviter de nous laisser entraîner dans des schémas de pensée négatifs. Cela peut nous aider à renforcer notre résilience et à faire face plus efficacement au stress et à l'adversité dans nos vies.

Un autre avantage de l'utilisation consciente des médias sociaux est l'amélioration de la créativité et de l'inspiration. En abordant les médias sociaux avec un état d'esprit plus intentionnel et ciblé, nous pouvons nous ouvrir à de nouvelles idées et perspectives. Cela peut nous aider à puiser dans notre propre créativité et inspiration, et peut même mener à de nouvelles opportunités ou entreprises.

Enfin, une utilisation consciente des médias sociaux peut nous aider à mener une vie plus équilibrée. Lorsque nous abordons les médias sociaux avec attention, nous sommes mieux en mesure de prioriser notre temps et notre énergie, et de faire des choix intentionnels sur la façon dont nous interagissons avec ces plateformes. Cela peut nous aider à éviter d'être submergés ou épuisés par les médias sociaux et à nous assurer que nous consacrons du temps aux personnes et aux activités qui sont les plus importantes pour nous.

b. Conseils pour utiliser les médias sociaux de manière consciente et intentionnelle

Les médias sociaux font désormais partie intégrante de notre vie quotidienne, mais ils peuvent aussi être une source de stress et de distraction. Cependant, en pratiquant une utilisation consciente des médias sociaux, nous pouvons en tirer de nombreux avantages sans compromettre notre santé mentale et notre bien-être. Voici quelques conseils pour utiliser les médias sociaux de manière consciente et intentionnelle.

Tout d'abord, fixez des limites autour de votre utilisation des médias sociaux. Déterminez quand et pendant combien de temps vous utiliserez les médias sociaux et respectez ces limites. Par exemple, vous pouvez désigner des heures spécifiques de la journée pour vérifier vos comptes de médias sociaux et désactiver les notifications en dehors de ces heures. Cela vous aide à être plus présent dans l'instant et réduit les risques que les médias sociaux interfèrent avec d'autres aspects de votre vie.

Deuxièmement, soyez sélectif quant au contenu que vous consommez. Au lieu de faire défiler sans but votre flux, recherchez intentionnellement un contenu qui correspond à vos valeurs, vos intérêts et vos objectifs. Vous pouvez organiser vos flux pour inclure des comptes et des pages qui vous inspirent et vous élèvent, et vous désabonner de ceux qui déclenchent des émotions négatives.

Troisièmement, pratiquez la gratitude et l'appréciation des aspects positifs des médias sociaux. Reconnaissez les liens que vous avez établis et les opportunités qui se sont présentées à vous grâce à l'utilisation des médias sociaux. Cela aide à détourner votre attention des aspects négatifs vers les aspects positifs des médias sociaux.

Quatrièmement, soyez conscient des émotions qui surviennent lorsque vous utilisez les médias sociaux. Remarquez ce que vous ressentez lorsque vous rencontrez certains messages ou interactions. Cette prise de conscience peut vous aider à réguler vos réponses émotionnelles et à empêcher les émotions négatives de devenir incontrôlables.

Cinquièmement, faites régulièrement des pauses sur les réseaux sociaux. Cela peut impliquer une désintoxication complète ou simplement réduire votre consommation pendant un certain temps. En vous éloignant des réseaux sociaux, vous vous permettez de vous ressourcer et de vous recentrer sur d'autres aspects de votre vie.

Sixièmement, engagez-vous dans des interactions et des conversations significatives sur les réseaux sociaux. Au lieu de simplement consommer du contenu, participez activement aux discussions et dialoguez avec les autres de manière respectueuse et positive. Cela peut aider à favoriser de véritables relations et à créer une communauté en ligne de soutien.

Septièmement, prenez soin de vous en dehors des réseaux sociaux. Engagez-vous dans des activités qui vous apportent de la joie, comme des passe-temps ou passer du temps avec vos proches. Cela aide à créer un équilibre sain entre les médias sociaux et les autres aspects de votre vie.

c. Développer des habitudes et des comportements sains sur les réseaux sociaux

À l'ère numérique d'aujourd'hui, les médias sociaux font désormais partie intégrante de notre vie quotidienne et il est facile de se perdre dans le défilement sans fin des likes, des commentaires et des partages. Cependant, l'utilisation accrue des médias sociaux s'accompagne d'un risque accru d'effets négatifs sur la santé mentale, l'estime de soi et le bien-être général. Développer des habitudes et des comportements sains sur les réseaux sociaux est essentiel pour atténuer ces risques et maintenir une relation saine avec les réseaux sociaux.

Une astuce pour développer des habitudes saines sur les réseaux sociaux est de fixer des limites et des limites à l'utilisation des réseaux sociaux. Cela peut inclure la définition d'heures spécifiques de la journée pour consulter les médias sociaux ou la limitation du temps d'écran global. En fixant des limites, nous pouvons éviter de défiler sans réfléchir et nous engager intentionnellement avec les médias sociaux.

Un autre aspect important d'une utilisation saine des médias sociaux est d'être conscient du contenu que nous consommons. Il est crucial d'être conscient de ce que certains messages ou comptes nous font ressentir et d'organiser nos flux de médias sociaux en conséquence. Nous devrions viser à suivre les récits qui nous inspirent et promeuvent la positivité, plutôt que ceux qui perpétuent des pensées et des émotions négatives.

L'établissement de liens et de relations en dehors des médias sociaux est également crucial pour une utilisation saine des médias sociaux. Bien que les médias sociaux puissent être un excellent moyen de rester en contact avec vos amis et votre famille, ils ne devraient pas être notre seul moyen de communication.

En participant à des activités et à des événements en dehors des médias sociaux, nous pouvons établir des liens plus profonds et établir des relations plus significatives.

Pratiquer le minimalisme numérique est une autre stratégie efficace pour développer de saines habitudes de médias sociaux. Cela implique de réduire le temps d'écran global et de se concentrer sur les activités et les passe-temps qui nous apportent joie et épanouissement. En minimisant notre dépendance aux médias sociaux, nous pouvons nous concentrer sur le moment présent et nous engager avec le monde qui nous entoure.

Développer des compétences de communication saines est également essentiel pour une utilisation saine des médias sociaux. Cela implique d'être attentif au ton et au contenu de nos publications et messages, ainsi que de respecter les opinions et les sentiments des autres. Nous devrions viser à engager des conversations saines et productives, plutôt que de nous engager dans des comportements toxiques ou négatifs en ligne.

Il est également important de se rappeler que les médias sociaux ne remplacent pas les soins personnels. Bien qu'il puisse être tentant d'utiliser les médias sociaux comme une forme d'évasion, il est essentiel de donner la priorité à notre santé mentale et à notre bien-être. Cela comprend la participation à des activités qui favorisent la relaxation, telles que la méditation ou l'exercice, et la recherche d'une aide professionnelle si nécessaire.

Enfin, développer des habitudes saines sur les réseaux sociaux implique d'être confiant dans ses choix personnels concernant l'utilisation des réseaux sociaux. Nous ne devrions pas nous sentir obligés d'utiliser les médias sociaux d'une certaine manière ou de suivre les tendances et les modes du monde en ligne. En étant fidèles à nous-mêmes et à nos valeurs, nous pouvons utiliser les médias sociaux d'une manière authentique et épanouissante pour nous.

Chapitre 9 : Digital Detox et Débranchement

a. Les avantages d'une détox numérique et d'une déconnexion des réseaux sociaux

Dans le monde numérique trépidant d'aujourd'hui, il est facile d'avoir l'impression d'être toujours connecté à la technologie. Les médias sociaux, en particulier, font désormais partie intégrante de notre vie quotidienne. Bien que les médias sociaux puissent être un excellent moyen de rester en contact avec vos amis et votre famille et d'accéder à des informations, ils peuvent également être accablants et épuisants. C'est là qu'intervient le concept de désintoxication numérique - l'acte de se déconnecter de la technologie, en particulier des médias sociaux, pendant un certain temps pour se ressourcer et se ressourcer.

L'un des plus grands avantages d'une désintoxication numérique est la réduction du stress et de l'anxiété. Les médias sociaux peuvent être une source de stimulation constante, et le barrage constant de notifications et de mises à jour peut être écrasant. En nous déconnectant des médias sociaux, nous pouvons donner à notre cerveau une pause bien méritée, ce qui peut aider à réduire le niveau de stress et à améliorer le bien-être général.

En plus de réduire le niveau de stress, une désintoxication numérique peut également aider à améliorer la qualité de notre sommeil. Des études ont montré que la lumière bleue émise par les écrans peut interférer avec nos rythmes circadiens, rendant plus difficile l'endormissement et le maintien du sommeil. En nous déconnectant des réseaux sociaux avant de nous coucher, nous pouvons améliorer la qualité de notre sommeil et nous sentir plus reposés le matin.

Un autre avantage d'une désintoxication numérique est l'amélioration de la concentration et de la productivité. Les médias sociaux peuvent être incroyablement distrayants, et le besoin constant de vérifier nos flux peut interférer avec notre capacité à nous concentrer sur les tâches à accomplir. En prenant une pause des médias sociaux, nous pouvons retrouver notre concentration et notre productivité, ce qui nous permet d'être plus efficaces dans notre vie professionnelle et personnelle.

Une cure de désintoxication numérique peut également aider à améliorer nos relations avec les autres. Lorsque nous sommes constamment connectés aux médias sociaux, il peut être facile de négliger nos relations en personne. En nous débranchant des médias sociaux, nous pouvons nous concentrer sur le fait de passer du temps de qualité avec nos amis et notre famille, de renforcer nos liens et d'améliorer notre bien-être social global.

De plus, une désintoxication numérique peut aider à améliorer notre santé mentale. Les médias sociaux peuvent être un terrain fertile pour la comparaison et la négativité, et le besoin constant de présenter une certaine image ou personnalité en ligne peut être épuisant. En nous déconnectant des réseaux sociaux, nous pouvons nous concentrer sur notre propre bien-être et cultiver une image de soi plus positive.

b. Réussir à se déconnecter des réseaux sociaux

À l'ère numérique d'aujourd'hui, les médias sociaux font désormais partie intégrante de nos vies. Cependant, l'utilisation constante des médias sociaux peut avoir des effets négatifs sur notre santé mentale, notre productivité et nos relations. C'est pourquoi faire une pause dans les réseaux sociaux, également connue sous le nom de cure de désintoxication numérique, peut être très bénéfique. Dans ce chapitre, nous aborderons quelques conseils pour réussir à se déconnecter des réseaux sociaux.

Tout d'abord, il est important de fixer un délai précis pour votre cure de désintoxication numérique. Qu'il s'agisse d'un week-end, d'une semaine ou d'un mois, le fait d'avoir un laps de temps précis peut vous aider à rester concentré sur votre objectif. Pendant ce temps, assurez-vous de communiquer votre plan à vos amis, votre famille et vos collègues, afin qu'ils soient au courant de votre absence sur les réseaux sociaux.

Ensuite, identifiez les déclencheurs qui vous poussent à prendre votre téléphone et faites défiler les réseaux sociaux. Est-ce l'ennui, le stress ou la peur de passer à côté ? Une fois que vous avez identifié ces déclencheurs, vous pouvez créer un plan pour les éviter pendant votre désintoxication numérique. Par exemple, si l'ennui est votre déclencheur, prévoyez de vous engager dans des activités qui vous tiendront occupé et productif.

Une autre astuce utile consiste à désactiver les notifications sur votre téléphone. Les notifications constantes peuvent être gênantes et vous empêcher de rester concentré sur votre cure de désintoxication numérique. Au lieu de cela, définissez des heures précises pour vérifier vos e-mails ou vos messages. Cela peut vous aider à rester présent et attentif tout au long de la journée.

Pendant votre détox numérique, prenez le temps de vous adonner à d'autres activités qui vous apportent joie et épanouissement. Cela peut inclure lire un livre, faire une randonnée ou passer du temps avec des êtres chers. N'oubliez pas que l'objectif est de vous déconnecter des réseaux sociaux et de vous reconnecter au monde qui vous entoure.

Si vous rencontrez des difficultés pendant votre désintoxication numérique, envisagez de demander le soutien d'un ami ou d'un membre de votre famille. Avoir quelqu'un pour vous tenir responsable peut rendre le processus plus facile et plus agréable.

Il est également important de réfléchir à votre expérience de désintoxication numérique et de prendre note des changements positifs que vous avez remarqués. Peut-être avez-vous eu plus de temps pour vous concentrer sur vos passe-temps ou vous êtes-vous senti plus présent dans vos interactions avec les autres. Quels que soient les changements, prenez le temps de les reconnaître et de les célébrer.

Enfin, une fois votre détox numérique terminée, envisagez de modifier vos habitudes sur les réseaux sociaux. Vous déciderez peut-être de limiter votre temps sur les réseaux sociaux ou de ne plus suivre les comptes qui ne vous servent plus. Quels que soient les changements que vous décidez d'apporter, n'oubliez pas qu'ils doivent correspondre à vos objectifs personnels et à vos intentions d'utilisation des médias sociaux.

c. Réintégrer l'utilisation des médias sociaux dans la vie quotidienne

Les médias sociaux font désormais partie intégrante de la vie moderne et, pour de nombreuses personnes, ils sont une source de divertissement, d'information et de connexion. Cependant, une utilisation excessive des médias sociaux peut avoir des conséquences négatives sur la santé mentale, les relations et la productivité. Par conséquent, il est important d'établir une relation saine avec les médias sociaux et de les intégrer dans nos vies de manière durable. Dans ce chapitre, nous discuterons de conseils pour créer un plan durable pour réintégrer l'utilisation des médias sociaux dans la vie quotidienne.

Tout d'abord, il est important d'identifier les objectifs personnels et les intentions d'utilisation des médias sociaux. Déterminez ce que vous espérez accomplir en utilisant les médias sociaux et les types d'activités auxquelles vous souhaitez participer. Par exemple, vous pouvez utiliser les médias sociaux pour rester en contact avec vos amis et votre famille, suivre vos artistes préférés ou promouvoir votre entreprise. Connaître vos objectifs et vos intentions peut vous aider à utiliser les médias sociaux de manière plus intentionnelle et à éviter d'être distrait par un contenu non pertinent.

Deuxièmement, envisagez de fixer des limites et des limites pour l'utilisation des médias sociaux. Établissez des moments précis de la journée où vous utiliserez les médias sociaux et pendant combien de temps. Cela vous aidera à éviter de faire défiler votre flux sans réfléchir et à réduire le risque de développer des comportements addictifs. De plus, vous pouvez choisir de désactiver les notifications ou de limiter le nombre de plateformes de réseaux sociaux que vous utilisez pour réduire le temps global passé sur les réseaux sociaux.

Troisièmement, assurez-vous de faire des pauses et de participer à d'autres activités. Les médias sociaux peuvent créer une dépendance, et il est important de faire des pauses et de participer à des activités qui ne sont pas liées aux médias sociaux. Vous pouvez vous adonner à un nouveau passe-temps, faire de l'exercice ou passer du temps avec vos proches. Ces activités peuvent aider à réduire le stress, à améliorer la santé mentale et à créer un sentiment d'épanouissement.

Quatrièmement, considérez la qualité de vos interactions sur les réseaux sociaux. Au lieu de vous concentrer sur le nombre de likes, de followers ou de commentaires, essayez de créer des liens significatifs avec les autres. Engagez des conversations, partagez des histoires personnelles et apportez votre soutien aux autres. Ces interactions peuvent aider à améliorer les compétences sociales, créer un sentiment d'appartenance et favoriser la croissance personnelle.

Cinquièmement, essayez d'éviter d'utiliser les médias sociaux comme une forme d'évasion ou d'évitement. Il est important de reconnaître et de gérer les sentiments inconfortables au lieu d'utiliser les médias sociaux comme moyen de s'en distraire. En faisant face à des émotions inconfortables, vous pouvez développer une résilience émotionnelle et apprendre à faire face au stress et aux défis.

Sixièmement, développez un système de soutien pour vous tenir responsable. Partagez vos objectifs et vos plans sur les réseaux sociaux avec un ami de confiance ou un membre de votre famille qui peut vous aider à rester responsable. Avoir quelqu'un avec qui partager vos progrès et vous encourager peut rendre le processus de création d'un plan durable pour l'utilisation des médias sociaux plus facile et plus agréable.

Septièmement, pratiquez l'auto-compassion et le pardon. Il est normal de se tromper ou de faire des erreurs lorsque vous essayez de créer un plan durable pour l'utilisation des médias sociaux. Plutôt que de vous punir pour des dérapages, faites preuve d'auto-compassion et pardonnez-vous. N'oubliez pas que la création d'un plan durable prend du temps et de la pratique, et chaque pas dans la bonne direction compte.

CONCLUSION

En conclusion, l'impact des médias sociaux sur nos vies est indéniable, et il est important que nous abordions leur utilisation avec intention et pleine conscience. Les notifications constantes et le défilement sans fin des médias sociaux peuvent facilement consommer notre temps et notre attention, entraînant des effets négatifs sur notre santé mentale, nos relations et notre bien-être général. Cependant, avec les bonnes stratégies et les bons outils, nous pouvons apprendre à utiliser les médias sociaux d'une manière qui correspond à nos objectifs et valeurs personnels.

À travers les chapitres de ce livre, nous avons exploré diverses façons de développer une relation saine avec les médias sociaux, telles que l'identification d'objectifs personnels et d'intentions pour son utilisation, la pratique du minimalisme numérique, la construction d'habitudes positives, l'établissement de frontières et de limites, la participation à des activités significatives, et favoriser des liens plus profonds avec les autres hors ligne. Nous avons également discuté de stratégies pour faire face à la pression sociale, surmonter la peur de manquer quelque chose et réussir à se déconnecter des réseaux sociaux.

En prenant ces mesures, nous pouvons créer un plan durable pour réintégrer les médias sociaux dans notre vie quotidienne et récolter les avantages qu'ils ont à offrir, tels que la connexion avec les autres, le partage de notre créativité et de nos idées, et rester informé des événements actuels. Il est important de se rappeler que la clé pour utiliser les médias sociaux de manière saine est de les aborder consciemment et intentionnellement, et d'être conscient de l'impact qu'ils ont sur notre bien-être mental, physique et émotionnel.

En fin de compte, la chose la plus importante est d'être fidèle à nous-mêmes et à nos valeurs personnelles, et d'utiliser les médias sociaux comme un outil qui soutient et améliore nos vies, plutôt que comme un outil qui les contrôle et les domine. En suivant les stratégies décrites dans ce livre et en développant une relation saine avec les médias sociaux, nous pouvons atteindre un plus grand équilibre, épanouissement et bonheur dans nos vies.